JEFF BURTON

Connor Dayton

TRADUCCIÓN AL ESPAÑOL:
Eduardo Alamán

PowerKiDS press. & **Editorial Buenas Letras**™
New York

Published in 2008 by The Rosen Publishing Group, Inc.
29 East 21st Street, New York, NY 10010

First Edition

Editor: Jennifer Way
Book Design: Michael J. Flynn
Layout Design: Kate Laczynski
Photo Researcher: Nicole Pristash

Photo Credits: All images © Getty Images.

Cataloging Data

Dayton, Connor.
   Jeff Burton / Connor Dayton; traducción al español: Eduardo Alamán. — 1st ed.
      p. cm. — (NASCAR champions)
   Includes bibliographical references and index.
   ISBN-13: 978-1-4042-7642-0 (library binding)
   ISBN-10: 1-4042-7642-4 (libray binding)
   1. Burton, Jeff, 1967– —Juvenile literature. 2. Stock car drivers—United States—Biography—Juvenile literature. 3. Spanish language materials. I. Title.

Manufactured in the United States of America

Web Sites: Due to the changing nature of Internet links, the Rosen Publishing Group, Inc., has developed an online list of Web sites related to the subject of this book. This site is updated regularly. Please use this link to access the list: www.powerkidslinks.com/nas/jburt/

Contents

Contenido

Jeff Burton is a NASCAR driver, just like his older brother, Ward Burton.

Jeff Burton es un piloto de NASCAR. Su hermano mayor, Ward Burton, también es piloto de NASCAR.

4

When Jeff was 17, he began racing cars. He started racing in NASCAR's Busch Cup **Series** in 1990.

Jeff comenzó a correr a los 17 años. En 1990, Jeff comenzó a correr en la **serie** Bush de NASCAR.

6

Jeff started racing in NASCAR's top series in 1994. He won the **Rookie** of the Year **award** that year.

Jeff comenzó a correr en la categoría más importante de NASCAR en 1994. Aquel año, Jeff ganó el **premio** al **Novato** del Año.

8

Jeff's best racing years so far were 1997 to 2000. In those years, he finished each **season** as one of NASCAR's top five drivers.

Los mejores años de Jeff en NASCAR han sido de 1997 a 2000. Jeff terminó como uno de los cinco mejores pilotos en cada una de estas **temporadas**.

10

NASCAR drivers race on teams. The drivers and the **pit crews** are both part of the teams.

Los pilotos de NASCAR corren en equipos. Además de los pilotos, los **mecánicos** son muy importantes.

13

Jeff and his team have many **sponsors**, which help pay for the cars and the team members.

Jeff y su equipo tienen muchos **patrocinadores**. Los patrocinadores ayudan a pagar los gastos del auto y de los integrantes del equipo.

14

15

In 2006, Jeff won his first race in five years. He continued to do well that year.

En 2006 Jeff ganó su primera carrera en cinco años. A Jeff le fue muy bien en 2006.

16

Jeff needs to keep winning important races to stay a NASCAR **champion**.

Jeff necesita seguir ganando carreras para seguir siendo un **campeón** de NASCAR.

18

19

When he is not racing, Jeff spends time with his wife, Kim, and their children, Paige and Harrison.

Cuando no está corriendo, Jeff pasa el tiempo con su esposa, Kim, y sus hijos, Paige y Harrison.

20

Glossary

award (uh-WORD) A special honor given to someone.

champion (CHAM-pee-un) The best, or the winner.

pit crews (PIT KROOZ) The people on a racing team who work on the cars.

rookie (RU-kee) A new player or driver.

season (SEE-zun) The group of games or races for a year.

series (SIR-eez) A group of races.

sponsors (SPON-serz) People or groups that pay for someone else, such as a racer.

Books

Hammond, Lee. *Draw NASCAR*. Cincinnati: North Light Books, 2003.

Schaefer, Adam R. *The Daytona 500 (Edge Books NASCAR Racing)*. Mankato, MN: Capstone Press, 2006.

Glosario

campeón(a) (el/la) Una persona que es la mejor, la ganadora.

mecánicos (los) Las personas en un equipo de carrera que trabajan en los autos.

novato (el/la) Una persona nueva en cierta actividad.

patrocinadores (los) Personas o grupos que pagan dinero para apoyar a una persona.

premio (el) Un honor especial que se le da a una persona.

serie (la) Un grupo de carreras.

temporada (la) El grupo de carreras o juegos en un año.

Libros en español

Doeden, Matt. *Autos de carrera / Stock Cars*. Capstone Press, 2007.

Kirkpatrick Rob. *Dale Earnhardt Jr., Piloto de NASCAR*. PowerKids, Editorial Buenas Letras, 2002.

23

Index

Índice

24